JEAN-MICHEL BILLIOUD

TOUT SAVOIR SUR LE FOOT

FLEURUS

Direction : Guillaume Arnaud, Guillaume Pô
Direction éditoriale : Emmanuelle Braine Bonnaire
Édition : Juliette Magro assistée de Claire Maillochon
Direction artistique : Élisabeth Hébert assistée de Bleuenn Auffret
Direction de fabrication : Thierry Dubus
Fabrication : Axelle Hosten

57, rue Gaston Tessier, CS 50061, 75166 Paris cedex 19
www.fleuruseditions.com
Loi n°49-956 du 16 juillet 1949 sur les publications destinées à la jeunesse.

Dépôt légal : avril 2018

1re édition – n ° d'édition : J18083
ISBN : 978-2-2151-3840-2
Code MDS : 592768

Photogravure : Amalthea
Achevé d'imprimer en mars 2018 par Pollina (France) - 83778

SOMMAIRE

À LA CONQUÊTE DU MONDE

Vers 1860, les étudiants britanniques jouent au ballon dans leurs écoles, mais ils ne sont pas tous d'accord. Certains veulent utiliser de préférence les pieds, et d'autres les mains. Les premiers inventent le football et les seconds le rugby !

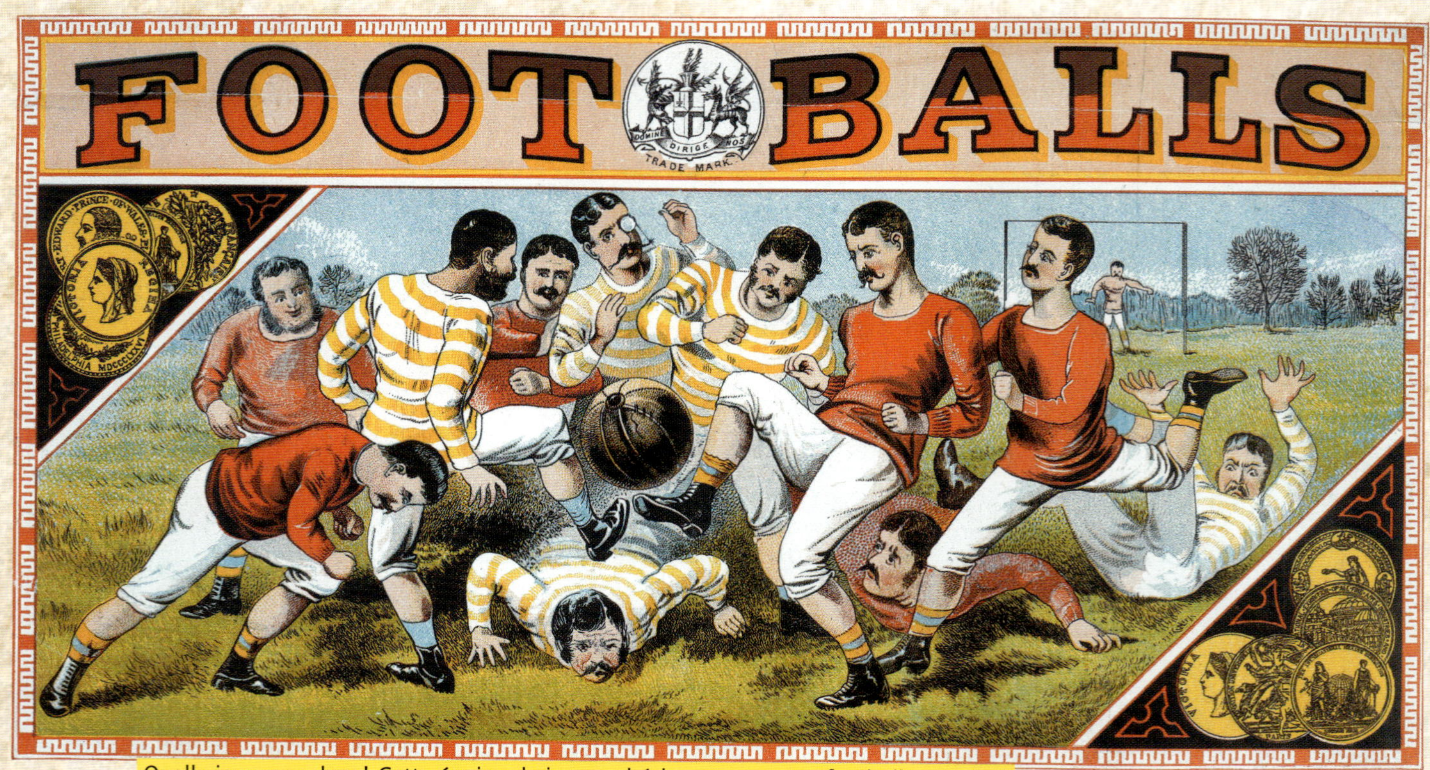

Quelle joyeuse cohue ! Cette équipe de joueurs hésite encore entre football et rugby !

DES ORIGINES ANTIQUES

Les hommes de l'Antiquité avaient déjà pratiqué des jeux de ballon. Les Chinois jouaient au *cuju*, les Japonais au *kemari* et, au Moyen Âge, les Français s'affrontaient dans de terribles soules. À cette époque, tous les coups étaient permis et les claques bien plus nombreuses que les reprises de volée ! Les véritables inventeurs du football sont en réalité les Anglais, qui en fixent les règles officielles en 1863.

LES PAPAS DU FOOT

Le football est d'abord un simple loisir pour les riches étudiants anglais, mais les ouvriers se passionnent très vite pour ce sport, qui devient extrêmement populaire. Les meilleurs jouent devant des foules en délire.
En 1901, la finale de la Coupe d'Angleterre attire plus de 100 000 spectateurs au stade de Crystal Palace, dans le sud de Londres.

LA MONDIALISATION

En quelques années, le football se diffuse dans le monde entier avec les expatriés anglais, les industriels, les marins et parfois même les pasteurs ! Des clubs sont créés dans les ports, où les équipages affrontent des équipes locales lors de leurs escales.
En Italie, le "Genoa Cricket and Football Club" est fondé en 1893 par des hommes d'affaires britanniques. Une année plus tard, le "Havre Athletic Club Football Association" devient le premier club de France. Ses couleurs "ciel et marine" rappellent le maillot bleu foncé des étudiants d'Oxford et le bleu clair celui des élèves de Cambridge. En 1895, le premier match officiel de football au Brésil est organisé par le fils du consul d'Angleterre à São Paolo. L'épidémie de football vient de contaminer tous les continents sauf l'Afrique et l'Asie.

LES PLUS ANCIENNES FÉDÉRATIONS DE FOOT

1863 : Angleterre	*1891 : Nouvelle-Zélande*
1873 : Écosse	*1892 : Afrique du Sud*
1876 : Pays de Galles	*1893 : Argentine*
1880 : Irlande	*1895 : Belgique*
1882 : Australie	*1898 : Italie*
1889 : Danemark, Pays-Bas	*1900 : Uruguay, Allemagne*

AU FIL DU TEMPS

« Depuis que le football existe, la seule chose qu'on n'a jamais changé, c'est la forme du ballon. » L'attaquant écossais Denis Law ne pouvait pas mieux décrire l'histoire mouvementée du sport le plus populaire du monde !

1904

La France, les Pays-Bas, la Suisse, le Danemark, la Suède, la Belgique et l'Espagne créent la Fédération internationale de football association (FIFA). Ses objectifs ? Organiser des rencontres internationales et développer le football dans le monde. Mission accomplie. Très puissante, la FIFA compte aujourd'hui 211 pays membres.

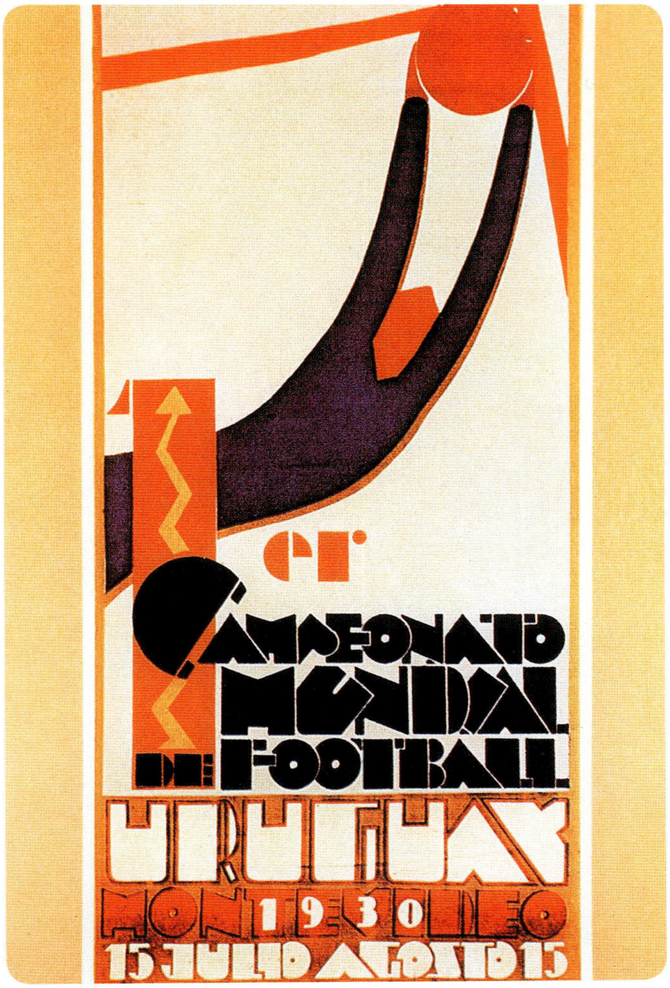

1930
Imaginée par le Français Jules Rimet, la première Coupe du monde est organisée en Uruguay, en Amérique du Sud. Le premier but de l'histoire de cette compétition est marqué contre le Mexique par le Français Lucien Laurent. En finale, l'Uruguay bat l'Argentine par 4 buts à 2 devant 90 000 spectateurs. Cette nouvelle compétition se déroulera désormais tous les 4 ans (sauf pendant la Seconde Guerre mondiale), et deviendra le plus grand événement de la planète foot.

1937
Pour la première fois, un match de football est diffusé en direct à la télévision. Cette rencontre amicale oppose deux équipes d'Arsenal. Une dizaine de milliers de privilégiés assistent à ce match sur le petit écran. La dernière finale de la Coupe du monde a réuni 695 millions de téléspectateurs.

1956
Le Real Madrid est le premier club champion d'Europe, l'équivalent de la Ligue des champions. L'ogre espagnol gagne les cinq premiers titres et détient aujourd'hui le record des victoires avec 11 Coupes d'Europe (en photo, le champion Di Stephano).

1970

Le Brésil remporte sa troisième Coupe du monde en battant l'Italie 4 à 1 en finale à Mexico. Emmenée par le dieu Pelé au sommet de son art (sur la photo, le 3e en partant de la droite), l'équipe brésilienne est considérée comme la plus belle de l'histoire.

1991

La première Coupe du monde féminine a lieu en Chine, 60 ans après celle des hommes. Les Américaines remportent la finale contre les Norvégiennes.
Les championnes du monde en titre sont les Américaines qui ont gagné l'épreuve organisée au Canada en 2015.

1996

Emmenés par leur attaquant géant Nwankwo Kanu, les Super Eagles Nigérians font sensation en remportant le tournoi olympique d'Atlanta face aux Argentins. C'est la première victoire africaine dans une compétition mondiale.

En 2000, c'est au tour des Camerounais de remporter la médaille d'or aux Jeux de Sidney, en Australie.

2012

L'équipe d'Espagne réalise un triplé inédit et fantastique. Les Espagnols sont champions d'Europe des Nations en 2008, du monde en 2010 grâce à leur victoire sur le Brésil, et remportent à nouveau l'EURO en 2012, en battant l'Italie 4 à 0. Elle est la première équipe de l'histoire à conserver son titre européen.

L'ÉVOLUTION DES RÈGLES

Le football a bien changé depuis ses débuts : les premiers footballeurs ne pouvaient pas être remplacés et ne connaissaient ni penaltys, ni cartons ! Forcément, les matchs étaient un peu plus violents !

Buts
Les règles de 1863 n'avaient pas prévu de barre transversale dans les buts. Comme au rugby, il fallait envoyer le ballon entre deux poteaux pour marquer. Lors des premières rencontres internationales, les organisateurs accrochent cependant un ruban aux deux barres verticales pour délimiter la hauteur des cages. Il est remplacé en 1875 par une transversale en bois.

Penalty
Inventé en 1891, le penalty pouvait être tiré de n'importe quel point sur une ligne tracée à 11 m du but. Cette sanction était surnommée par les Anglais le *kick of death*, le tir de la mort. Dès 1902, le ballon est posé sur un point dessiné sur la pelouse à 11 m du milieu de la ligne de but et à égale distance des deux poteaux.

Ça cartonne
Les cartons jaunes et rouges apparaissent en 1970. Les avertissements et les exclusions existaient déjà, mais ces décisions de l'arbitre étaient uniquement verbales. Un joueur expulsé sur carton rouge n'étant pas remplacé, son équipe finit le match en sous-effectif.

L'ARBITRE

À partir de 1891, l'arbitre n'est plus sur le côté mais sur le terrain, où il suit les actions de près. Il était temps. Les gentlemen du début du football ont vite été remplacés par des teigneux roublards et les bagarres sont fréquentes...

Touche
Jusqu'en 1877, les pionniers du football sont obligés, comme leurs amis rugbymen, de faire les touches perpendiculairement à la ligne de touche. Depuis cette date, on peut remettre le ballon en jeu dans toutes les directions.

Attaque
À partir de 1866, les footballeurs ont enfin le droit de passer le ballon vers l'avant, à condition qu'il y ait au moins 3 joueurs adverses entre celui qui reçoit la passe et le but. Auparavant, seules les passes vers l'arrière étaient autorisées. Le jeu collectif est favorisé car les attaquants ne sont plus obligés de dribbler tout le monde.

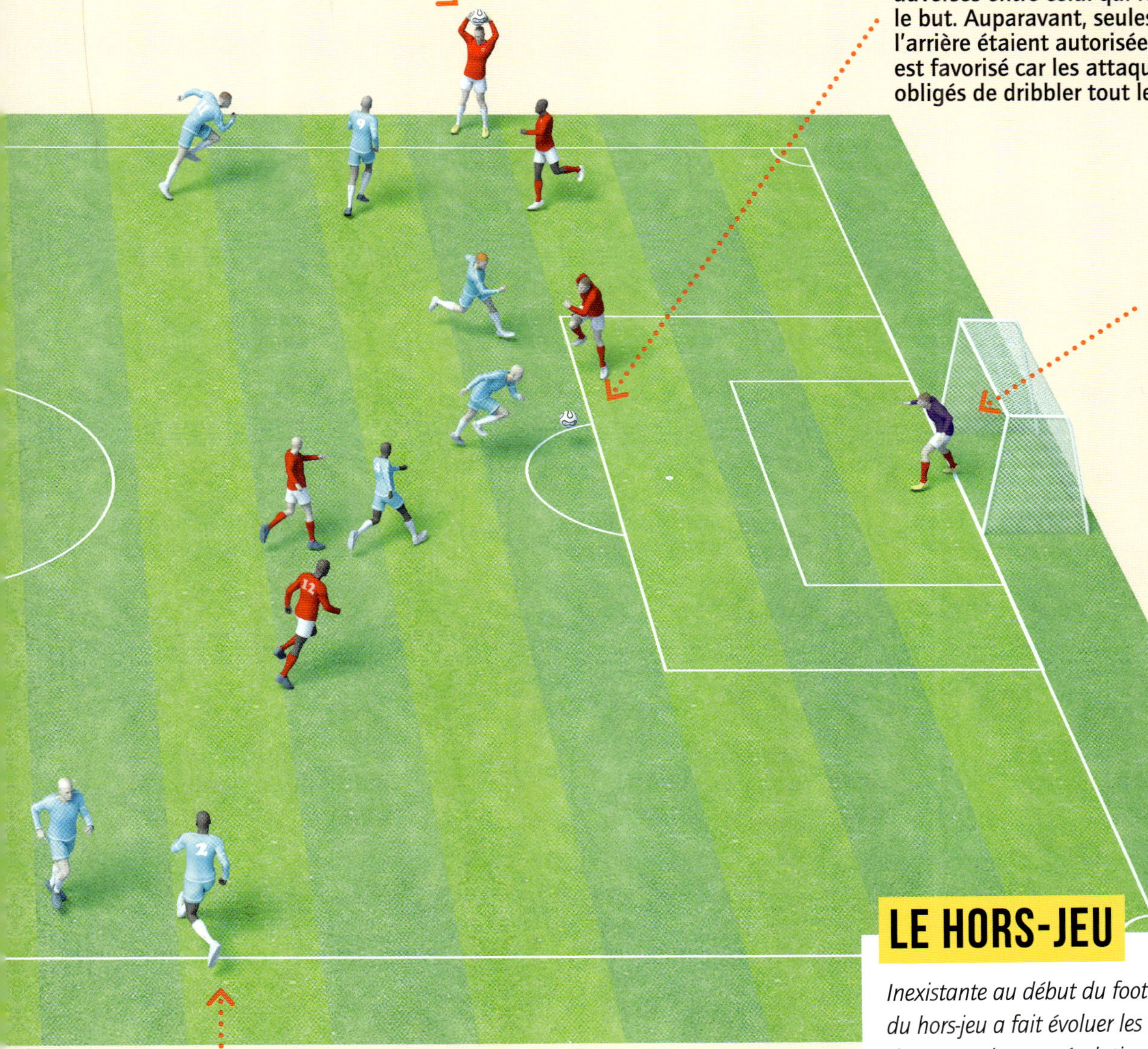

Gardien
À l'origine, le gardien de but avait le droit de prendre le ballon à la main partout, puis, par la suite, uniquement dans sa moitié de terrain. Dès 1912, ce droit est réservé à sa surface de réparation. Depuis 1992, le goal ne peut plus prendre à la main une passe en retrait volontaire.

Remplacement
À la fin des années 1960, le remplacement est autorisé même lorsqu'un joueur n'est pas blessé. L'entraîneur peut désormais changer l'organisation de son équipe s'il veut la rendre plus offensive ou plus défensive. Aujourd'hui, chaque équipe a le droit d'effectuer trois remplacements par match.

LE HORS-JEU

Inexistante au début du football, cette règle du hors-jeu a fait évoluer les tactiques à chacune de ses nombreuses évolutions. Aujourd'hui, sauf sur une touche, un corner, ou si l'attaquant est dans sa propre moitié de terrain, un joueur est en position de hors-jeu s'il est plus près de la ligne de but adverse que le ballon et l'avant-dernier adversaire.

BIEN ÉQUIPÉS

Shorts, maillots et chaussettes sont des équipements obligatoires. Ils sont même devenus les habits de lumière des gladiateurs de la planète foot.

UNE PERPÉTUELLE ÉVOLUTION

La tenue des footballeurs a bien changé au fil des années. Les maillots en laine sont devenus synthétiques et plus moulants, pour éviter que les défenseurs ne les agrippent. Autrefois, les chaussettes recouvraient les pantalons. Aujourd'hui, le maillot doit être rentré dans le short, mais les joueurs ne respectent jamais cette règle ! Les bottines ont laissé place à des chaussures très fines, où toutes les surfaces sont prévues pour faciliter la puissance des tirs et les effets du ballon. Depuis l'apparition en 1954 des crampons vissés, le joueur peut choisir leur taille en fonction de l'état du terrain. Une vraie révolution.

DES COULEURS CHANGEANTES

Certaines fois, les couleurs des maillots changent pour conjurer le mauvais sort. Persuadés que leur tunique blanche était responsable de leur humiliante défaite contre l'Uruguay en finale de la Coupe du monde 1950, les Brésiliens changent de couleur. Bonne idée. Ils ont été une fois champions du monde avec un maillot bleu (1958) et quatre fois avec un maillot jaune.

Vers 1860 : les ballons sont des pièces de cuir cousues grossièrement. Ils sont très lourds quand ils sont gorgés d'eau.

1937 : les dimensions du ballon, en cuir marron, sont fixées. Il mesure de 68 à 70 cm et pèse de 410 g à 450 g.

1951 : le ballon devient blanc, pour qu'il soit plus visible à la télévision.

1970 : pour la Coupe du monde au Mexique, le ballon prend sa forme et son apparence bicolore actuelle.

1974 : premier ballon entièrement synthétique. Il absorbe ainsi moins l'eau et ne se déforme pas.

1998 : ballon tricolore pour la finale de la Coupe du monde France-Brésil.

2014 : nouveaux ballons pour chaque Coupe du monde. Celui de 2018 est le Telstar 18.

L'Argentin Lionel Messi du FC Barcelone.

LES 10 AU MICROSCOPE

Ce sont les maîtres du jeu, les patrons du terrain, les créateurs qui font briller leurs attaquants et soulagent leurs défenseurs. Les plus grands numéros 10 sont tous des footballeurs de légende.

Pelé, le roi

Le + : Triple champion du monde, Pelé est sans contestation possible le plus grand joueur de tous les temps. Dribbleur insaisissable, ses points forts sont sa vitesse, sa créativité et un sens du but incomparable qui lui a permis de marquer plus de 1 200 buts en compétition officielle. Pelé est aussi le n° 10 au plus beau palmarès en Coupe du monde : il est le seul joueur à avoir remporté trois titres (1958, 1962 et 1970) !

Le – : Pelé n'a aucun défaut sur le terrain, il est le roi du football.

Maradona, mi-ange mi-démon

Le + : Joueur prodige des années 1980 et 1990, le n° 10 de l'équipe d'Argentine marque des buts insensés, le plus souvent en dribblant plusieurs adversaires. Dieu vivant dans son pays malgré ses fréquents écarts de conduite, il est le vainqueur et le meilleur joueur de la Coupe du monde 1986.

Le – : Rusé, malin, Maradona dépasse souvent les limites de la légalité. Lors du quart de finale du Mondial 1986, il marque un but de la main sans aucun état d'âme.

Zidane, le virtuose

Le + : Génie de la feinte et de la roulette, l'artiste Zinédine a fait gagner toutes les équipes avec lesquelles il a joué. Soliste et chef d'orchestre, il a été champion du monde en 1998 en marquant 2 buts contre le Brésil, et champion d'Europe deux ans plus tard avec la France en gagnant contre l'Italie. "Zizou" a aussi réussi à remporter plusieurs titres avec le Real... comme entraîneur !

Le – : Son tempérament de feu l'a amené de trop nombreuses fois à se bagarrer. Il a même reçu 14 cartons rouges au cours de sa carrière !

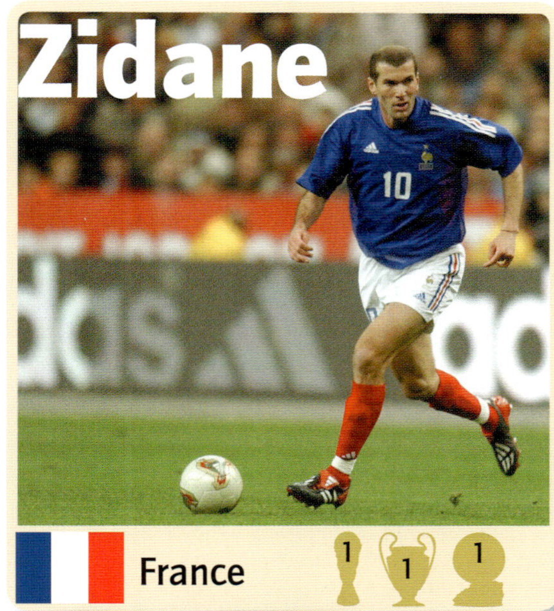

Ronaldinho, l'extraterrestre

Le + : Crochets, passements de jambes à répétition, frappes d'une puissance inouïe, Ronnie est un cauchemar pour les défenseurs. Il est si rapide et si doué qu'il invente des dribbles en cours de match. Lors de la Coupe du monde 2002 qu'il remporte avec le Brésil, il marque un coup franc de plus de 40 m contre l'Angleterre.

Le – : Ronnie préfère faire la fête que s'entraîner...

Messi, le petit prince

Le + : Star du FC Barcelone, le meilleur joueur des années 2010 est si rapide qu'il marque bien plus que l'avant-centre de son club. En 2012, il a battu le record du nombre de buts inscrits sur une année, que détenait l'Allemand Gerd Müller depuis... 40 ans ! Celui qui pourrait devenir le meilleur joueur de l'histoire a reçu 5 Ballons d'or (dont 4 consécutifs).

Le – : Messi n'est pas encore parvenu à jouer aussi bien avec l'Argentine qu'avec son club.

Coupe du monde

Ballon d'or

Ligue des champions

CHACUN À SA PLACE !

Pouvoir recruter dans son club un génie du football comme Messi est un atout formidable, mais il ne faut surtout pas en avoir 11. Cela ne servirait à rien. Le mieux est de former une équipe avec des joueurs doués et complémentaires.

❶ Le gardien de but

C'est le seul joueur à être habillé avec un autre maillot, à pouvoir se servir de ses mains dans sa surface et à occuper un poste où toutes les erreurs sont fatales. Sa mission est de stopper les ballons adverses. Mais certains goals ont déjà marqué des buts sur penalty, coup-franc ou corner, en tirant de toute leur force de leur surface de réparation ! Lev Yachine, seul gardien de l'histoire du Ballon d'or (1963), Fabien Barthez, Iker Casillas, ou Manuel Neuer ont marqué ce poste par leur classe, leur incroyable agilité et leur sens du sacrifice.

❷ Les défenseurs centraux

À l'image de Thiago Silva, Sergio Ramos ou Vincent Kompany, ils sont les hommes forts de la défense, costauds dans les duels et très bons de la tête.
Ils ne quittent leur zone que sur les coups de pied arrêtés (corner, coup-franc) pour essayer de marquer de la tête. C'est un but sur corner du défenseur Basile Boli qui a offert, en 1993, à Marseille la seule Ligue des champions remportée par un club français.

❸ Les latéraux

Autrefois méprisés, ces joueurs sont aujourd'hui des stars, comme Philip Lahm ou Dani Alves qui sont les héritiers de l'illustre Roberto Carlos. Leur rôle a beaucoup évolué. Ils ne sont plus uniquement des destructeurs : leurs contre-attaques sont redoutées par les équipes adverses.

❹ Les milieux défensifs

Placés au cœur du terrain, légèrement en retrait des attaquants, ils ont plusieurs spécialités. Certains sont de purs relayeurs qui transmettent le ballon entre les arrières et les avants, d'autres des récupérateurs, capables de chiper le ballon dans les pieds adverses. Mais les meilleurs 6 ou 8 comme Touré, Pogba ou Matuidi sont non seulement relayeurs et récupérateurs, mais aussi capables de courir pendant 90 min !

❺ Les milieux offensifs

Très créatifs, capables d'accélérations ou de feintes incroyables, ils peuvent éliminer 5 joueurs à la suite ou délivrer une passe de 30 m d'une précision dingue ! C'est la technique qui importe le plus à ce poste, et les joueurs de tous les gabarits peuvent devenir des stars : Iniesta (1,69 m), Hazard (1,72 m) ou Cristiano Ronaldo (1,84 m). Passeur géniaux, dribbleurs insaisissables, les milieux offensifs sont les véritables meneurs de jeu de leur équipe.

❻ Les attaquants

Il existe plusieurs profils de joueurs offensifs chargés de faire la différence en attaque. La plupart n'ont qu'une obsession : marquer des buts. C'est le cas des n° 9 comme le Brésilien Ronaldo ou le Colombien Falcao. Mais d'autres, à l'image d'Olivier Giroud, savent aussi jouer en pivot, le dos au but pour renvoyer le ballon vers un partenaire mieux placé qu'eux.

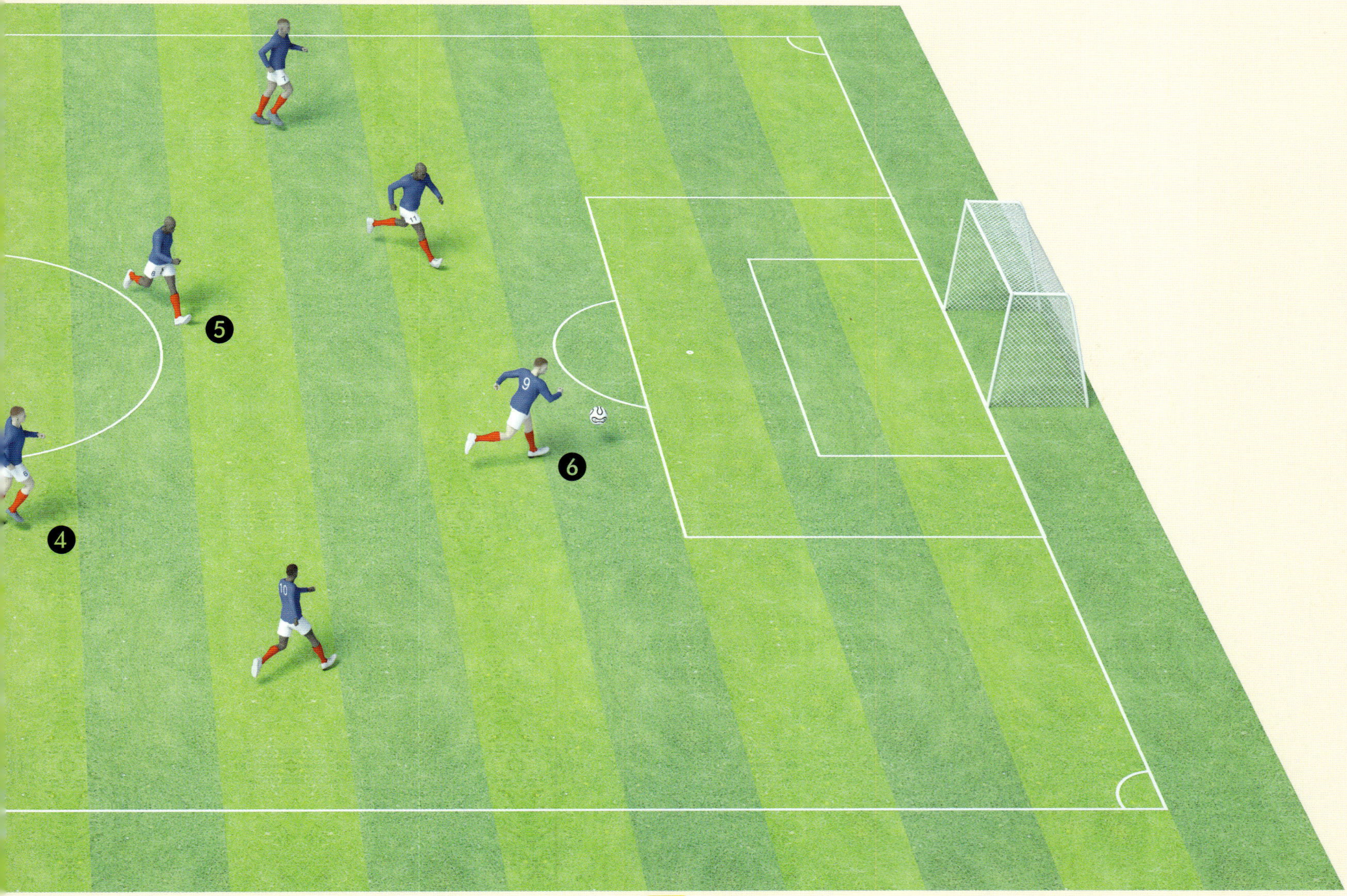

À CHACUN SA TACTIQUE DE JEU

Tactique du WM, *catenaccio*, 4-2-4, football total, les entraîneurs ne cessent de mettre au point de nouveaux systèmes pour trouver des failles dans l'équipe adverse.

COMPLÉMENTAIRES ET ORGANISÉS

Les premiers footballeurs avaient un poste bien déterminé en fonction de leurs compétences physiques. À présent, selon les matchs, l'entraîneur peut attribuer aux joueurs différentes places sur le terrain. Il met au point une tactique en rapport avec les forces de son équipe ou de son adversaire. L'un préfèrera tout miser sur la défense, l'autre optera pour l'offensive. Ce choix stratégique détermine le nombre de défenseurs, de milieux de terrain et d'attaquants.

Une équipe équilibrée : le WM

Jusqu'au milieu du xxe siècle, les Anglais popularisent leur système avec 3 défenseurs, 2 milieux défensifs, 2 milieux offensifs et 3 attaquants. Sur le terrain, la ligne d'attaque forme un W, celle des défenseurs un M. Le milieu de terrain joue désormais un grand rôle.

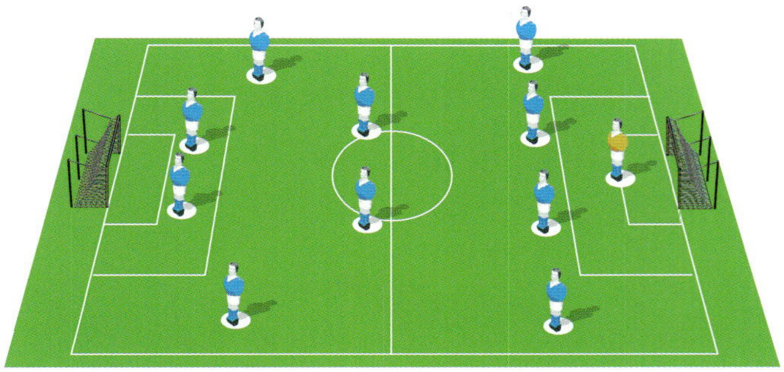

Tous à l'attaque : le 4-2-4

Les équipes de Hongrie et du Brésil privilégient l'attaque avec un système en 4-2-4, 4 défenseurs dont 2 latéraux qui ne cessent de monter, 2 milieux de terrain et 4 attaquants. En général, 2 d'entre eux sont légèrement en retrait et 2 se placent devant le but pour dévier les ballons ou marquer.

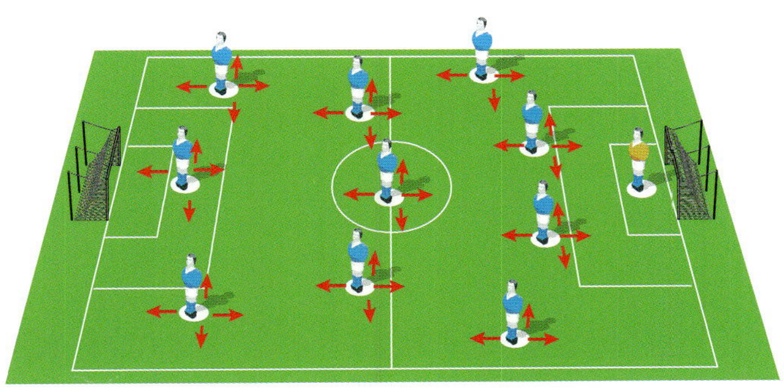

Total football

Mise au point par l'Ajax d'Amsterdam au début des années 1970, puis reprise par le Barça, cette tactique oblige chaque joueur à attaquer et à défendre. Les joueurs ont bien une place sur le terrain mais l'avant-centre peut défendre sur une action, et l'un de ses défenseurs partir en contre-attaque. Les arrières gauche et droit montent très souvent vers le but adverse le long de la ligne de touche pour faire des centres redoutables.

Le *catenaccio*

Inventé en Suisse et popularisé par l'Italie, ce système défensif ("verrou" en italien) marche toujours. Le but est de détruire les offensives adverses et de contre-attaquer. En 1998, la France devient championne du monde avec un seul véritable attaquant et 5 milieux, dont 3 défensifs. Un système proche du *catenaccio* ! En 2004, la Grèce remporte l'Euro avec une défense de fer : elle gagne 1-0 ses trois derniers matchs !

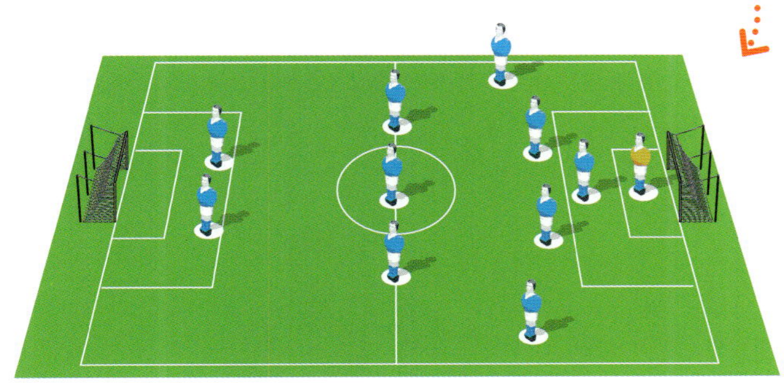

MARQUAGE INDIVIDUEL OU DE ZONE ?

Une équipe peut privilégier un marquage individuel strict : le défenseur central est chargé de surveiller l'avant-centre et il ne le quitte jamais. Mais elle peut aussi préférer le marquage par zone : chaque joueur est responsable d'une zone du terrain.

LES BEAUX GESTES

Tous les footballeurs doivent savoir contrôler le ballon et tirer avec finesse ou puissance. Les stars possèdent en plus une technique qui leur permet de maîtriser les gestes les plus spectaculaires de ce sport.

Le tacle

Ce geste de défenseur consiste à se lancer, la jambe tendue, vers le ballon pour le récupérer dans les pieds de l'adversaire ou écarter le danger. Le joueur peut glisser sur le sol mais il ne doit pas avoir les deux pieds décollés. Et il est interdit de tacler un adversaire de dos.

La bicyclette

Certains l'appellent le retourné, d'autres la chilienne, mais quel que soit son nom, ce geste popularisé par le Brésilien Leonidas est très difficile. Il faut reprendre le ballon avec le pied, dos au but et la tête en bas.

Le coup du sombrero

Lorsque l'on s'approche de son adversaire, on l'élimine en faisant un petit lob et en récupérant le ballon dans la foulée. Mais attention, ce dribble aérien est aussi simple à expliquer que difficile à exécuter.

Le petit pont ❶ et le grand pont ❷

L'idée est de glisser le ballon entre les jambes du défenseur et de le récupérer derrière lui. Pour le grand pont, c'est un peu différent : le ballon passe d'un côté de l'adversaire, et le dribbleur de l'autre côté.

❶

❷

Le tir brossé

Sur une frappe puissante de l'intérieur du pied, le ballon tourne sur lui-même et change de direction à mi-parcours. Dans l'air, il a une courbe vers la gauche quand c'est un tir du pied droit et vers la droite chez les gauchers. C'est le geste idéal pour contourner un mur sur un coup-franc.

La Panenka

Ce geste, très osé en compétition, consiste à faire semblant de tirer un penalty en force pour que le gardien plonge d'un côté, et à tirer le ballon en plein milieu du but, d'une simple pichenette. Il est devenu célèbre à l'Euro 1976 lorsque le Tchécoslovaque Antonin Panenka l'a effectué en finale.

BUUUUUT !!!

Talonnades, retournées, dribbles à répétition, têtes…, des millions de buts ont été marqués depuis le début du football mais seuls quelques-uns sont rentrés dans la légende.

Le Hollandais volant

Triple Ballon d'or, le Hollandais Johan Cruyff a marqué des buts fabuleux dans sa carrière. Ce 22 décembre 1973, son club du FC Barcelone affronte l'Atletico Madrid pour un match capital de la Liga. Juste avant la mi-temps, un centre tendu devant les buts madrilènes semble perdu. Mais la star barcelonaise s'est lancée dans les airs et dévie en plein vol le ballon dans la cage adverse avec son talon. Le meilleur attaquant du monde des années 1970 vient d'inventer la talonnade aérienne.

« Le football est simple mais il est difficile de jouer simple. » Johan Cruyff

Une patate de Galactique

Le Real Madrid affronte les Allemands du Bayer Leverkusen à l'Hampden Park de Glasgow le 15 mai 2002. Toujours très offensif, le défenseur Roberto Carlos attaque sur le côté gauche et centre vers l'extérieur de la surface de réparation. Un ballon tombé du ciel pour le génial Zidane. Seul problème, il arrive sur le pied gauche du Français, supposé plus faible. Peu importe, sa frappe est pure et frappe le filet du gardien allemand. Sa reprise de volée est une œuvre d'art. Grâce à elle, le Real remporte sa neuvième Ligue des champions !

L'Angleterre "zlatanée"

Zlatan Ibrahimovic est un habitué des buts d'extraterrestre, mais celui qu'il marque contre l'Angleterre avec son équipe de Suède en novembre 2012 est phénoménal. Sur une contre-attaque, le ballon est repoussé de la tête par le gardien anglais, sorti loin de sa cage. Le ballon s'élève et avant qu'il ne retombe, Ibra le frappe d'un retourné magnifique d'une bonne trentaine de mètres et marque son 4e but de la soirée !

Le canonnier portugais

Véritable machine à marquer, Cristiano Ronaldo inscrit l'un de ses plus beaux buts contre le club d'Osasuna en 2012. Laissé seul quelques secondes, la star portugaise du Real Madrid déclenche un missile de plus de 30 m qui va se loger à mi-hauteur le long du poteau gauche de la cage adverse. Le plongeon du gardien ne sert à rien : impossible d'arrêter ce ballon de feu !

LE TUEUR

Aucun buteur n'a fait mieux que Josip Skoblar dans le championnat de France. En 1971, l'aigle dalmate a marqué 44 buts en 36 matchs pour son club de Marseille ! Il était très motivé car la même année, son dauphin, le Stéphanois Salif Keita, a inscrit 42 buts !

Insaisissable

Star de l'équipe du Brésil, Neymar inscrit un but fantastique contre le Japon dès la 3e minute de ce match d'ouverture de la Coupe des Confédérations 2013. Déclenchée de l'extérieur de la surface, sa demi-volée a fusé dans la cage du portier nippon. Une entrée en matière fracassante !

LES GRANDS CLUBS

Toutes les stars du monde rêvent de revêtir le maillot de ces clubs de légende. Tour à tour, ils ont dominé l'Europe ou sont prêts à le faire !

Le Real Madrid

Le Real Madrid est le club n°1 de l'histoire du foot espagnol et mondial. La FIFA ne s'y est pas trompée et l'a élu meilleur club du XXe siècle. Grands rivaux des Barcelonais, ses stars ont remporté entre autres 33 titres de champion d'Espagne, 19 coupes d'Espagne, 12 Ligues des champions, record absolu, et 2 ligues Europa.

Les stars : Afredo Di Stephano, Ronaldo, Zinédine Zidane, Iker Casillas, Cristiano Ronaldo.

Le Bayern

Fierté de la Bavière, le Bayern Munich a dominé l'Europe au milieu des années 1970 et remporté 3 Coupes des clubs champions (1974, 1975 et 1976). Mais ce grand d'Allemagne n'est pas seulement une légende du passé. Dirigé par ses anciennes gloires, Hoeness et Rummenigge, il a remporté la Ligue des champions en 2001 et en 2013.

Les stars : Gerd Müller, Franz Beckenbauer, Lottar Matthaus, Franck Ribéry, Arjen Robben.

Manchester United

Le club phare du football anglais depuis 1878 compte plus de 300 millions de fans dans le monde entier. Dès 1986, Manchester connaît son heure de gloire avec Alex Ferguson comme manager. En 1999, il réalise un fabuleux triplé en remportant la coupe d'Angleterre, le championnat et la Ligue des champions contre le Bayern Munich. Il est aujourd'hui entraîné par José Mourinho.

Les stars : George Best, Éric Cantona, David Beckam, Ryan Giggs, Wayne Rooney.

Le FC Barcelone

Meilleure équipe des années 2010, le Barça, mené par le génial Messi, compte dans ses rangs une dizaine de champions du monde. Avec son football spectaculaire et efficace, cette machine à gagner a remporté 24 championnats d'Espagne, 28 coupes d'Espagne et 5 Ligues des champions.

Les stars : Johan Cruyff, Diego Maradona, Hristo Stoitchkov, Ronaldinho, Lionel Messi, Luis Suarez.

Le Paris Saint-Germain

Créé en 1970, le club parisien est l'un des plus jeunes de France mais son palmarès est éloquent : 6 championnats, 11 Coupes de France et une Coupe des coupes. Avec ses stars internationales, son nouvel objectif est de remporter La Ligue des champions, comme son vieil ennemi marseillais.

Les stars : Safet Susic, Georges Weah, Miguel Pauleta, Zlatan Ibrahimovic, Thiago Silva, Edinson Cavani, Neymar.

Le Milan AC

Fondé en 1899 par un Anglais, les rouge et noir détiennent avec 18 trophées le record de titres internationaux : 7 Ligues des champions dont la dernière en 2007, 5 Supercoupes de l'UEFA, 2 Coupes d'Europe des vainqueurs de Coupe, 1 Coupe du monde des clubs, 3 Coupes intercontinentales.

Les stars : Paolo Maldini, Andriy Shevchenko, Ruud Gullit, Marco van Basten, Kaká.

LES GRANDS CHAMPIONNATS

À l'exception de l'Amérique du Sud où brillent les clubs argentins, brésiliens ou uruguayens, les championnats les plus prestigieux se déroulent en Europe. Certaines stars, comme Ibrahimovic, passent de pays en pays, d'autres, tel Messi, restent fidèles au même club.

La Bundesliga

Depuis sa création en 1963, le championnat allemand est largement dominé par le Bayern Munich qui a remporté près de 25 titres.
Le Borussia Dortmund, champion en 2011 et 2012, essaie de rivaliser avec les ogres bavarois mais ces derniers ne laissent que des miettes à leurs adversaires.

La Liga

Depuis 1929, le championnat espagnol a toujours attiré les plus grandes stars du monde comme Zidane, Beckham, Samuel Et'oo, Messi ou Cristiano Ronaldo. Éternels rivaux, le Real Madrid et le FC Barcelone ont gagné à eux deux plus de 50 titres de champion. Autre club mythique de la Liga, l'Athletic Bilbao a la particularité de ne recruter que des joueurs basques.

GOLEADOR !

Le meilleur buteur du championnat espagnol reçoit le trophée "Pichichi" en hommage au surnom de Rafael Moreno Aranzadi, première grande star du football espagnol (1911-1921).

La série A italienne

Ses clubs ont longtemps été les meilleurs du monde avant d'être dépassés ces dernières années par les Allemands et les Espagnols. Chaque titre est symbolisé par le *scudetto*, un écusson aux couleurs du drapeau italien, cousu sur le maillot du champion. Lorsqu'une équipe remporte 10 championnats, elle a le droit d'ajouter une étoile : les joueurs de la Juventus qui ont remporté plus de 30 titres en ont 3, ceux de l'Inter et du Milan AC en ont une.

La Ligue 1

En France, aucune équipe ne survole le championnat en permanence. La Ligue 1 a été dominée successivement par Reims, Saint-Étienne, Marseille, Lyon et le PSG. Star des années 2000, l'Olympique lyonnais a remporté 7 titres consécutifs. Personne n'a jamais fait mieux. Présent depuis 1974 sans aucune descente en ligue 2, le Paris Saint-Germain est aujourd'hui le doyen du championnat français et semble parti pour gagner de nombreux titres.

English Premier League

Créé en 1888, le doyen des championnats professionnels rassemble 20 clubs. Aujourd'hui, il est devenu le plus international du monde : près de la moitié des joueurs sont étrangers ! Manchester United, qui a renforcé sa domination à partir des années 1990 avec l'extraordinaire entraîneur Alex Fergusson, est le club le plus titré de la Premier League (20 titres).

LE PRÉSIDENT ET SON STAFF

Les grands clubs de football sont de véritables entreprises avec des dirigeants, des cadres et des centaines de salariés. Leur but est de bâtir des équipes compétitives pour proposer le meilleur spectacle à leurs clients : les supporters.

Le président

Élu par les supporters au Real Madrid ou à Barcelone, il est le plus souvent le propriétaire du club. C'est lui le patron : il choisit l'entraîneur et fixe les objectifs en fonction de son équipe. Certains veulent gagner à tout prix la Ligue des champions, d'autres souhaitent simplement terminer dans les dix premiers du championnat.

Le manager

C'est le nouveau venu des grands clubs. Homme de confiance du président, il s'occupe surtout des transferts pendant la période du mercato (été et trêve hivernale), des contrats, et remplace parfois l'entraîneur en cours d'année. Mais son emploi est aussi très précaire. Si les joueurs qu'il a recrutés à prix d'or sont décevants, ou si les résultats de l'équipe sont mauvais, il peut être licencié.

L'entraîneur

Le chef d'orchestre de l'équipe dirige les séances d'entraînement, compose l'équipe pour chaque match en prenant en compte la forme de ses joueurs, mais aussi les forces ou les faiblesses de l'équipe adverse. Après chaque match, il répond aux journalistes lors des conférences de presse. Certains, tel Arsène Wenger, cumulent les fonctions de manager et d'entraîneur.

La cellule médicale

Les grands clubs ont plusieurs médecins, préparateurs physiques, kinésithérapeutes et nutritionnistes. Ils suivent l'équipe au quotidien, interviennent en cas de blessures pendant les matchs, mais examinent aussi les joueurs avant que soient signés définitivement les transferts.

Le service communication

Il organise les rencontres des joueurs, de l'entraîneur et des dirigeants avec les journalistes et fait en sorte que le club soit connu de façon positive. Certains clubs ont aussi leur propre chaîne de télévision comme Milan Channel pour le Milan AC, l'OM TV, l'OL TV et Girondins TV.

L'intendance

Dans chaque club, une, ou plusieurs personnes, doit prévoir les équipements nécessaires pour les matchs (maillots, shorts) mais aussi de réserver cars, avions ou hôtels pour les déplacements.

Le service commercial et marketing

Il s'occupe de valoriser la marque du club et de gagner beaucoup d'argent en vendant des maillots ou des produits dérivés : tongs, pyjamas, brosses à dents ou grille-pain aux couleurs du club !

RECORDS ET HISTOIRES INSOLITES

Chaque année, le football offre son lot d'exploits, d'événements incroyables et de nouveaux records. Mais certains résistent depuis plus de 50 ans et semblent vraiment impossibles à battre !

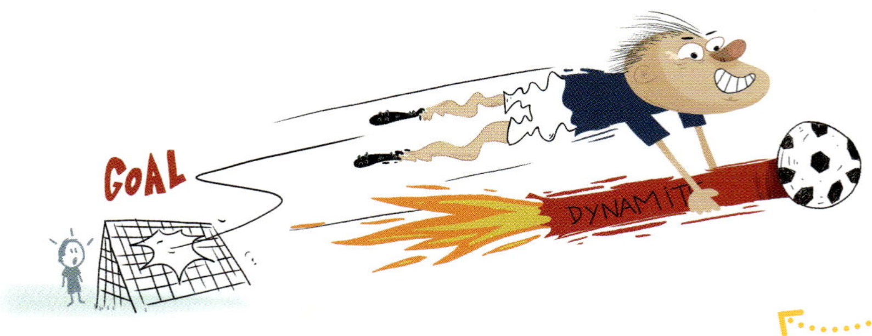

Lors de la Coupe du monde en Suède remportée par le Brésil, le Français Just Fontaine inscrit 13 buts en 6 matchs. Surnommé **"Monsieur Dynamite"**, cet incroyable buteur n'a jamais été dépassé. L'Allemand Miroslav Klose a bien marqué 16 buts, mais il lui a fallu 4 Coupes du monde (2002, 2006, 2010, 2014) !

L'Allemagne détient le triste **record du nombre de finales perdues** de la Coupe du monde. La *Mannschaft* a échoué quatre fois sur la dernière marche (1966, 1982, 1986 et 2002). Elle a toutefois gagné quatre fois le plus beau trophée du monde (1954, 1974, 1990 et 2014) !

« Le football est un sport simple : 22 hommes poursuivent un ballon pendant 90 minutes et, à la fin, ce sont les Allemands qui gagnent. » Gary Lineker, meilleur buteur anglais de la Coupe du monde 1986.

Lors d'un match de qualification pour le Mondial 2002, entre l'Australie et les Samoa américaines, les Australiens gagnent 31-0. À lui seul, l'attaquant Archie Thomson marque 13 buts ! C'est le plus gros score et le **record de buts** pour un joueur lors d'un match international.

En rentrant en jeu quelques minutes contre le Japon lors du Mondial 2014, le gardien colombien Faryd Mondragon devient à 43 ans et 3 jours **le plus vieux joueur** de l'histoire de la compétition. Il bat d'une année le Camerounais Roger Milla, héros de 1994. Mais la star des Lions indomptables n'a pas tout perdu. Du haut de ses 42 ans, il reste **le buteur le plus âgé** de la Coupe du monde !

Invitée au Mondial 1950 au Brésil, l'équipe d'Inde exige de **jouer pieds nus** alors que le port de chaussures est obligatoire. Les organisateurs des Jeux olympiques de 1948 leur avaient accordé cette faveur mais pas ceux de la Coupe du monde ! L'Inde n'a jamais joué cette compétition.

Le Saoudien Nawaf Al Abed est plutôt efficace. En tirant du centre du terrain, il marque un but 2 secondes seulement après le coup d'envoi, lors de la Coupe d'Arabie Saoudite. C'est **le but le plus rapide** de l'histoire du football. Depuis 2009, personne n'a fait mieux.

En 1994, le Colombien Andrés Escobar marque contre son camp face aux États-Unis. Son équipe est éliminée et le pauvre défenseur central vient de signer son **arrêt de mort**. Dès leur retour au pays, les joueurs sont menacés. Dix jours après sa maladresse, le pauvre Escobar est assassiné sur un parking de Medellin.

DES STADES DE RÊVE

Autrefois, le public était debout dans les gradins inconfortables des vieux stades. Il est aujourd'hui accueilli dans des théâtres fabuleux en plein air, où tout est prévu pour rendre le spectacle le plus agréable possible... si les acteurs sont en forme !

Sur les gradins du Camp Nou de Barcelone, on peut y lire en lettres énormes l'inscription *Més que un club* ("Plus qu'un club" en catalan), la devise du club de Messi.

Tous les terrains n'ont pas la même taille car le règlement autorise des surfaces différentes pour ces immenses rectangles verts, entre 45 et 90 m de large et 90 à 120 m de long. Le terrain de Barcelone est célèbre pour être l'un des plus vastes.

RECORD D'ASSISTANCE

Près de 200 000 Brésiliens ont assisté à la finale de la Coupe du monde 1950 dans le stade de Maracanã, construit pour cette épreuve. Mais à la surprise générale, leur équipe perd contre l'Uruguay. Le stade de Rio de Janeiro compte aujourd'hui trois fois moins de places mais reste mythique : 7 matchs de la Coupe du monde 2014, dont la finale, ont lieu au Maracanã, mais les Brésiliens avaient déjà été éliminés ! La malédiction demeure.

Grand comme un court de tennis, l'écran géant permet de revoir les plus belles actions et d'informer les spectateurs en temps réel.

Les stades les plus récents sont construits avec des toits amovibles. Ils permettent ainsi de jouer en plein air toute l'année, mais aussi de protéger les joueurs, le public et le terrain en cas de mauvais temps.

Les journalistes sont installés dans des loges et des cabines spécialement équipées, placées en haut des tribunes pour avoir la meilleure vision.

Les grands stades abritent toujours des restaurants gastronomiques et des dizaines de buvettes. Wembley compte, par exemple, 98 cuisines, 688 sandwicheries et 2 618 toilettes !

Près de 100 000 spectateurs au Camp Nou, 90 000 à Wembley, 70 000 au stade de Maracanã (Brésil) sont installés dans des tribunes disposées autour du terrain. Les meilleures places sont aussi les plus chères. Les gradins du bas peuvent se rétracter pour découvrir la piste d'athlétisme.

LA CAPACITÉ DES STADES EUROPÉENS

1. Camp Nou (Barcelone) : 99 354 spectateurs
2. Wembley stadium (Londres) : 90 000
3. Stade Santiago Bernabéu (Madrid) : 85 500
4. Stade de France (Saint-Denis) : 81 338
5. Stade Loujniki (Moscou) : 78 360

CHAMPIONS DU MONDE !

La coupe pèse 6 kg dont 5 kg d'or pur ! Elle représente deux sportifs soulevant la Terre. Après chaque finale, le nom de l'équipe victorieuse est gravé sous la Coupe du monde de la FIFA.

Des matchs fous, des cartons, des records... la Coupe du monde est la plus prestigieuse des compétitions et l'événement sportif le plus important de la planète après les Jeux olympiques.

LA MEILLEURE ÉQUIPE DU MONDE

La première Coupe du monde, inventée par le Français Jules Rimet, a lieu en 1930 en Uruguay et réunit 13 équipes. Aujourd'hui, 211 nations se disputent les 32 places en phase finale. Seuls 8 pays ont remporté ce prestigieux titre : l'Uruguay (2 fois), l'Italie (4), le Brésil (5), l'Allemagne (4), l'Angleterre (1), l'Argentine (2), la France (1) et l'Espagne (1). Les pays qui l'organisent ont plus de chance de l'emporter : l'Uruguay, l'Angleterre, l'Allemagne et la France ont gagné le Mondial à domicile.

Les 5 meilleurs buteurs de la Coupe du monde

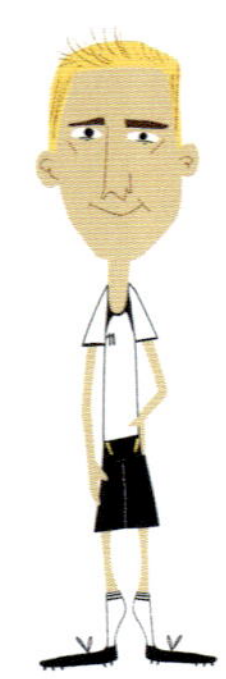

Miroslav Klose
16 buts
(5 en 2002, 5 en 2006, 4 en 2010, 2 en 2014)

Ronaldo
15 buts
(4 en 1998, 8 en 2002, 3 en 2006)

Gerd Müller
14 buts
(10 en 1970, 4 en 1974)

Just Fontaine
13 buts
(13 en 1958)

Pelé
12 buts
(6 en 1958, 1 en 1962, 1 en 1966, 4 en 1970)

UNE COUPE UNIVERSELLE

Jusqu'à très récemment, la Coupe du monde a toujours été organisée en Europe ou en Amérique, mais le football a fini par conquérir la planète entière. En 2002, la compétition se déroule en Corée du Sud et au Japon, et, en 2010, en Afrique du Sud. Certains pays, comme l'Italie (1934 et 1990), la France (1938 et 1998), le Brésil (1950 et 2014), le Mexique (1970 et 1986) et l'Allemagne (1974 et 2006) ont eu la chance d'organiser deux fois cette grande épreuve. La Russie accueille le Mondial pour la première fois en 2018, puis ce sera au tour du Qatar, si ce pays parvient à régler les problèmes liés à la chaleur et aux intolérables conditions de travail des ouvriers sur les chantiers.

LA CONSÉCRATION

Tous les joueurs professionnels rêvent de lever à bout de bras la plus prestigieuse récompense du football masculin. Pelé est le seul à avoir gagné trois titres. Quinze Brésiliens, quatre Italiens et un Argentin en ont remporté deux, mais tout le monde n'a pas eu cette chance. Les stars Johan Cruyff, Michel Platini, Messi ou Cristiano Ronaldo n'ont jamais gagné le trophée.

BILAN DE LA COUPE DU MONDE

	Pays organisateur	*finaliste*	*vainqueur*
2014	*Brésil*	*Argentine*	*Allemagne*
2010	*Afrique du Sud*	*Pays-Bas*	*Espagne*
2006	*Allemagne*	*France*	*Italie*
2002	*Corée du Sud/Japon*	*Allemagne*	*Brésil*
1998	*France*	*Brésil*	*France*
1994	*États-Unis*	*Italie*	*Brésil*

Des milliards de téléspectateurs attendent ce rendez-vous qui a lieu tous les quatre ans. En 2010, les Espagnols remportent brillamment la finale contre les Pays-Bas (1-0).

12 Pages

Le Petit Journal illustré

HEBDOMADAIRE
61, rue Lafayette, Paris

PRIX : 0 fr. 30
18 Novembre 1923

12 Pages

Le Football Féminin

La fragilité féminine s'accommode-t-elle des sports violents auxquels excellent nos jeunes gens ? La question, souvent posée, paraît résolue par l'affirmative. On peut s'en rendre compte en suivant les différents matches qui doivent qualifier deux équipes de sportives pour le Championnat de Paris en football. Voici une phase de la lutte qui met aux prises Fémina-Sport et les Cadettes de Gascogne.

LE FOOTBALL FÉMININ

Aujourd'hui, 30 millions de femmes et jeunes filles jouent au football dans le monde, et quelques milliers sont professionnelles. Mais elles ont dû se battre pendant des années pour en avoir le droit.

UNE LONGUE ATTENTE

Dès le XIXe siècle, des équipes féminines voient le jour en Angleterre et en Écosse. Des clubs se créent, et le premier match officiel a lieu en France, en 1917, lors de la Première Guerre mondiale. Puis le football féminin disparaît progressivement. Certains pays (Angleterre, Pays-Bas, Allemagne, Brésil) interdisent aux filles de pratiquer ce sport jugé nocif pour la gente féminine ! Il faut attendre la fin des années 1960 pour que le football féminin soit réhabilité. En 1991, la FIFA lance sa première Coupe du monde en Chine avec 12 équipes participantes. Les États-Unis l'emportent sur la Norvège devant 65 000 spectateurs. Cinq ans plus tard, les Jeux olympiques accueillent le premier tournoi de football féminin.

Nombre de licenciées par pays (2014)

La gardienne de but américaine Hope Solo compte plus de 130 sélections avec les États-Unis et a gagné deux médailles d'or aux Jeux olympiques (2008 et 2012).

LES STARS FÉMININES

Aujourd'hui, les grands clubs ont des sections féminines dans leur centre de formation. L'Olympique lyonnais accueille plus de 100 joueuses dans ses équipes de jeunes.
Et c'est efficace : les Lyonnaises sont les seules en France a avoir remporté un triplé : Ligue des champions, championnat et Coupe nationale. Mais les véritables professionnelles sont rares, même dans les clubs les plus prestigieux, et les salaires restent très inférieurs à ceux des hommes. Les meilleures d'entre elles gagnent moins de 20000 euros mensuels. Une belle somme, mais presque cent fois moins que les revenus d'un Messi ou d'un Ronaldo ! La plupart des footballeuses continuent à exercer une autre activité en dehors des terrains de foot.

CHAMPIONNES D'EUROPE

Chaque année, les meilleurs clubs d'Europe s'affrontent dans la Ligue des champions féminine de l'UEFA, la compétition la plus prestigieuse pour les footballeuses. Entre 2002, année de sa création, et 2017, les Allemandes se sont taillées la "part des lionnes" en remportant 9 titres, les Françaises ont gagné quatre fois et les Anglaises une seule fois.

La plus grande joueuse de l'histoire est Marta Vieira da Silva, plus connue sous le diminutif de Marta. Cette attaquante de feu a gagné 5 Ballons d'or consécutifs entre 2006 et 2010.

CHAMPIONNES DU MONDE

2015 : les États-Unis battent le Japon
2011 : le Japon bat les États-Unis
2007 : l'Allemagne bat le Brésil
2003 : l'Allemagne bat la Suède
1999 : les États-Unis battent la Chine
1995 : la Norvège bat l'Allemagne

DEVENIR PRO

Pour évoluer dans un club professionnel, il faut du talent. Mais faire une belle carrière nécessite aussi des années de travail et beaucoup de chance.

Se former

Une foule d'apprentis footballeurs rêvent de devenir professionnels mais le chemin est long et difficile. Les plus prometteurs sont sélectionnés pour rejoindre le centre de formation d'un club professionnel à partir de 13 ans. Pendant trois ou quatre ans, ils peuvent pratiquer leur sport favori dans de bonnes conditions et poursuivre leurs études. Les meilleurs parviennent à jouer à un niveau professionnel. Mais si une blessure survient au mauvais moment, si la concurrence est trop forte, ceux qui s'imaginaient stars doivent choisir un autre métier...

LES GAMINS EN OR

Le dieu Pelé, ou plus récemment, son compatriote Neymar sont devenus pro dès l'adolescence, mais d'autres enfants stars n'ont pas réussi aussi bien. Surnommé "le petit Mozart", Laurent Paganelli a joué en première division à 15 ans. C'est le record de France. Mais il n'a jamais été international et a rapidement arrêté sa carrière. Et des centaines de jeunes joueurs, venus le plus souvent d'Afrique, sont abandonnés sans scrupules par des agents véreux après de vains essais dans des clubs européens...

Une usine à champions

Le centre de formation le plus réputé dans le monde est celui du FC Barcelone, "la Masia". En 2010, l'Espagne a remporté la finale de la Coupe du monde avec sept joueurs qui en sont issus : Busquets, Iniesta, Fàbregas, Piqué, Puyol, Xavi. La Masia a aussi eu comme élève Lionel Messi, la légende de la planète foot des années 2010. En France, les centres de formation les plus connus sont ceux de Rennes, de Lyon, de Sochaux et de Montpellier.

Chemins de traverse

Le passage par un centre n'est pas une obligation. De grandes stars, comme Éric Abidal, n'ont jamais réussi à être sélectionnées pour suivre cette formation. D'autres n'ont pas été retenues par leur club formateur : Mathieu Valbuena, rejeté de Bordeaux car jugé trop petit, ou Franck Ribéry, exclu du centre de Lille pour indiscipline. Tous ces joueurs ont été amateurs des années avant de devenir professionnels après l'âge de 21 ans, puis internationaux.

PASSION FOOTBALL

Le ballon rond déchaîne les passions sur les cinq continents. On estime que 265 millions de joueurs pratiquent ce sport régulièrement. Parmi eux, 38 millions sont licenciés dans l'un des 300 000 clubs de la planète, et près de 100 000 sont professionnels.

Certains "tifosis" déroulent un maillot géant de plusieurs dizaines de mètres carrés aux couleurs de leur club ou des bannières portant des messages pour soutenir... ou critiquer les joueurs !

LE 12E HOMME

Fidèles, bruyants, passionnés, les supporters sont indispensables à leurs équipes. Lors de chaque match, ils sont aussi en compétition pour le titre de meilleur public ! Les Lensois et les Marseillais en France, les supporters du Celtic en Écosse, les fans de l'AC Milan en Italie, de Flamengo au Brésil, de River Plate en Argentine, Besiktas en Turquie sont réputés pour leur ferveur et leur sens du spectacle.

Mais certains dépassent les limites, et le football se transforme alors en tragédie. Le 29 mai 1985, lors de la finale de la Coupe d'Europe des clubs champions, les hooligans de Liverpool attaquent ceux de la Juventus de Turin dans les tribunes du stade de Heysel à Bruxelles. Trente-neuf supporters meurent à cause de la bêtise humaine.

UN ARGENT FOU

L'argent coule à flot dans le football. Les grands clubs se rétribuent avec les entrées du stade et la vente de produits dérivés (maillots, gadgets…). Ils sont sponsorisés par des sociétés qui, en échange de dizaines de millions d'euros, ont leur nom écrit sur la tenue. Les chaînes de télévision donnent aussi aux clubs de grosses sommes pour diffuser les matchs car ils attirent des millions de téléspectateurs. Les cinq plus belles audiences en France (plus de 20 millions) ont été des rencontres de football ! Cet argent permet de payer à prix d'or les meilleurs joueurs tels Ibrahimovic, Cavani ou Falcao.

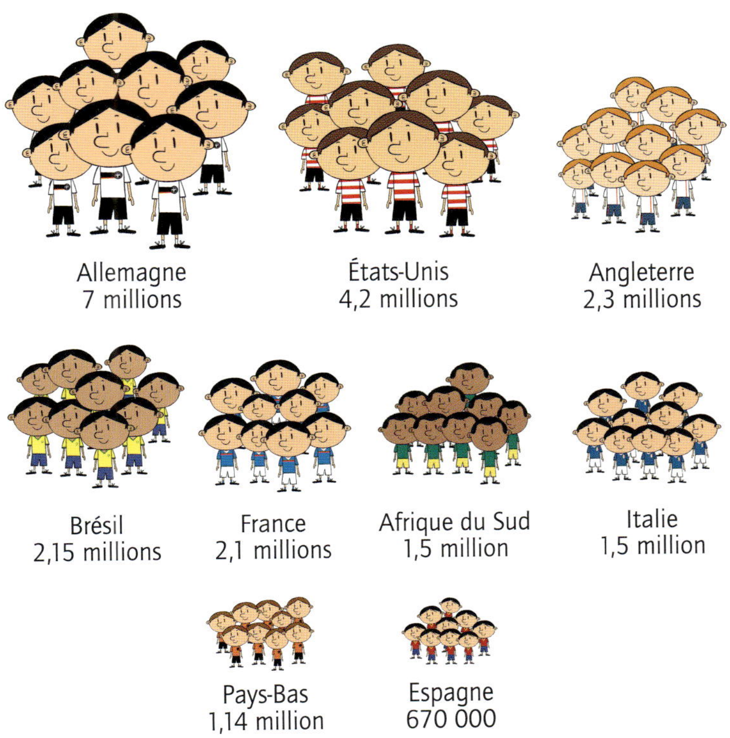

Nombre de licenciés hommes par pays (2014)

LES COUSINS DU FOOTBALL

Certains portent le nom de football mais ressemblent beaucoup plus au rugby, d'autres sont des variantes très proches du sport le plus populaire du monde. Passage en revue des footballs du monde entier.

Le football américain

C'est l'un des sports rois d'Amérique du Nord depuis le milieu des années 1860. Chaque équipe de 11 joueurs doit essayer d'apporter le ballon dans la zone d'en-but adverse. Cette progression peut se faire en lançant le ballon vers un coéquipier mieux placé ou en le portant, mais attention aux défenseurs qui sont sans pitié. Les chocs sont si violents que les joueurs ont des casques et des protections sur le corps. Mais est-ce vraiment du football ? On joue avec les mains dans 95 % des actions et le ballon est ovale. On aurait dû le baptiser le rugby américain !

Le footy

Le football australien se joue sur un gigantesque terrain ovale, avec deux équipes de 18 joueurs. De chaque côté du terrain, il y a 4 immenses poteaux verticaux : au centre, les buts ou *goals*, sur le côté, les *behinds*. Chaque équipe marque 6 points quand le ballon passe entre les poteaux centraux et 1 lorsque le ballon passe entre les *behinds*. Les joueurs n'ont aucune protection et, pourtant, les plaquages y sont fréquents et aussi violents qu'au football américain.

Le football gaélique

Sport le plus populaire d'Irlande, où chaque équipe représente un comté, il se joue avec 15 joueurs sur un terrain rectangulaire. Les buts sont en forme de H comme ceux du rugby mais avec un filet dans la partie basse devant laquelle est placé un gardien de but. Le ballon est rond, plus petit et légèrement plus lourd que celui des footballeurs. Si le ballon passe entre les poteaux de rugby, il rapporte 1 point contre 3 pour un but inscrit comme au football. Un joueur n'a pas le droit de réaliser plus de 4 pas consécutifs avec le ballon dans les mains. S'il est bloqué, il peut faire rebondir le ballon par terre ou sur son pied !

Le futsal

Apparu en Uruguay en 1930, ce football à 5 est pratiqué en salle par de nombreux joueurs en Amérique du Sud, en Espagne et au Portugal. Les plus grandes stars du football, comme Ronaldinho, Messi ou Cristiano Ronaldo, ont forgé leur incroyable technique sur ces terrains. Invincibles depuis près de 10 ans, les Brésiliens ont remporté leur cinquième titre de champions du monde de futsal en 2012.

Le *beach soccer*

Né sur les plages du Brésil, ce football sur sable oppose deux équipes de 5 joueurs sur un terrain presque trois fois plus petit que celui du football. Ses règles sont aussi légèrement différentes. Reconnu depuis 2005 par la FIFA, le *beach soccer* offre un spectacle incroyable car le ballon est presque toujours en l'air pour faciliter les passes, difficiles sur le sable, et les joueurs multiplient les retournés acrobatiques sans risquer de se blesser en retombant.

QUIZ

À toi de trouver les bonnes réponses
à ces questions.
Un indice : elles sont toutes dans le livre !

1. Qui est à l'origine de la création de la Coupe du monde ?

A. Jules Rimet
B. Gilles Rimut
C. Michel Platini

2. Dans quel pays a eu lieu la première Coupe du monde ?

A. l'Angleterre
B. l'Uruguay
C. le Brésil

7. Quelle est la couleur traditionnelle du maillot de l'équipe du Brésil ?

A. vert
B. rouge
C. jaune

8. Le gardien de but porte le même maillot que ses équipiers :

A. vrai
B. faux

9. Quel numéro 10 de légende a marqué 2 buts lors de la même finale de Coupe du monde ?

A. Diego Maradona
B. Pelé
C. Zinédine Zidane

10. Quel joueur est le seul à avoir gagné 5 Ballons d'or ?

A. Ribéry
B. Messi
C. Ronaldo

15. Dans quelle ville se trouve le stade Maracanã ?

A. Rio de Janeiro
B. Mexico
C. Madrid

16. Lequel de ces pays n'a jamais gagné la Coupe du monde ?

A. le Brésil
B. le Mexique
C. l'Angleterre

17. En quelle année a eu lieu la première Coupe du monde féminine ?

A. 1961
B. 1971
C. 1991

18. Quelle star féminine a gagné 5 Ballons d'or

A. Marta
B. Patricia
C. Georgia

3. Quelle règle a été inventée en 1891 ?

- **A.** le penalty
- **B.** le corner
- **C.** le coup-franc

4. À quelle distance se tire un penalty ?

- **A.** 9 m
- **B.** 11 m
- **C.** 17 m

5. Combien de remplacements chaque équipe peut-elle effectuer lors d'un match ?

- **A.** 2
- **B.** 3
- **C.** 5

6. Quel est le poids d'un ballon de football ?

- **A.** entre 410 et 450 grammes
- **B.** entre 510 et 550 grammes
- **C.** entre 610 et 650 grammes

11. Quand peut-on faire une panenka ?

- **A.** au moment d'un penalty
- **B.** lors d'un coup-franc
- **C.** en tirant un corner

12. Quelle est la nationalité de Cristiano Ronaldo ?

- **A.** italienne
- **B.** portugaise
- **C.** espagnole

13. « Bundesliga » est le nom du championnat d'Allemagne.

- **A.** vrai
- **B.** faux

14. Quel grand club européen joue au Camp Nou ?

- **A.** Juventus de Turin
- **B.** Arsenal
- **C.** FC Barcelone

19. Dans quel pays trouve-t-on le plus de joueurs licenciés ?

- **A.** en France
- **B.** en Allemagne
- **C.** en Espagne

20. Quel sport ne se pratique pas avec les mains ?

- **A.** le futsal
- **B.** le football australien
- **C.** le football gaélique

SOLUTIONS

1. A - **2.** B - **3.** A - **4.** B - **5.** B - **6.** A - **7.** C - **8.** B - **9.** C - **10.** B - **11.** A - **12.** B - **13.** A - **14.** C - **15.** A - **16.** B - **17.** C - **18.** A - **19.** B - **20.** A

INDEX

CRÉDITS ICONOGRAPHIQUES

1re de couverture : PRESSE SPORTS – **4e de couverture** : PRESSE SPORTS – **page de titre** : PRESSE SPORTS – **p. 4** : Heritage Images/Leemage – **p. 5** : Heritage Images/Leemage – **p. 6** : altrendo images/Getty Images – **p. 7** g : Farabola/Leemage ; hd : Colorsport/Corbis ; bd : PRESSE SPORTS – **p. 8** hg : Digital Vision/ Getty Images ; b : Sampics/Corbis – **p. 9** h : PRESSE SPORTS ; bg : SRDJAN SUKI/epa/Corbis – **p. 10-11** : Matthieu Roussel – **p. 12** : COREDOC ; PRESSE SPORTS – **p. 13** : PRESSE SPORTS – **p. 14** hg : dpa/Corbis ; bd : G. Tiedemann/GT Images/Corbis – **p. 15** : PRESSE SPORTS – **p. 16-17** : Matthieu Roussel – **p. 18** h : FOTOLIA ; b : COREDOC – **p. 19** : COREDOC - **p. 20-21** : Florent Bégu - **p. 22** hg : B. Thomas/Getty Images ; bd : PRESSE SPORTS – **p. 23** : PRESSE SPORTS – **p. 24-25** : PRESSE SPORTS – **p. 26-27** : PRESSE SPORTS – **p. 28-29** : Matthieu Roussel – **p. 30-31** : F. Leoszweski – **p. 32-33** : PRESSE SPORTS – **p. 34** hg : PRESSE SPORTS ; hd : B. Holland/Getty Images ;b : F. Leoszweski – **p. 35** : PRESSE SPORTS – **p. 36** : Gusman/Leemage : dessin : F. Leoszweski – **p. 37** hg : B. Peterson/ ZUMA Press/Corbis ; md : PRESSE SPORTS - **p. 38-39** : PRESSE SPORTS - **p. 40** : PRESSE SPORTS - **p. 41** : PRESSE SPORTS ; dessins : F. Leoszweski – **p. 42** bg : B. Cregg/SPORTSFILE/Corbis ; hd : PRESSE SPORTS – **p. 43** hg & bg : PRESSE SPORTS ; md : A. Lacerda/epa/Corbis